Inhalt

1 Namenwort – Zeitwort – Eigenschaftswort

In der Schlange haben sich einige Wörter versteckt. Trage sie richtig in die Tabelle ein und finde die fehlenden verwandten Wörter!

Namenwort (Nomen)	Zeitwort (Verb)	Eigenschaftswort (Adjektiv)
das Spiel	spielen	spielerisch
der Hunger	hungern	hungrig
das Rätseln	rätseln	rätselhaft
der Wunsch	wünschen	wunschlos

2 Doppelmitlaut

Schreibe die Wörter in die passenden Bilder.

3 Rätsel

Welche Wörter der Bilder aus Übung 2 haben sich hier versteckt?

S c h i f f

Schiff — Sonne — Gitarre — Trommel

Schreibe mit diesen Wörtern je einen Satz in dein Heft!

Achte bei gleichen Wortanfängen auf den 2. oder 3. Buchstaben! Tipp: Nummeriere die Wörter.

1 Ordnen nach dem ABC

Ordne die Wörter nach dem Alphabet.
Von manchen Wörtern siehst du nur das Bild!

7 Lupe

1

2 billig

12 Sommer

8 Nagel

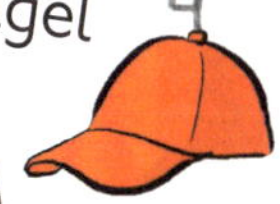
4

6

3 Bus

9 Name

die Banane	der Nagel
billig	der Name
der Bus	das Nashorn
die Kappe	der Sohn
das Kloster	der Sommer
die Leiter	die Sonne
die Lupe	

13

11 Sohn

5 Kloster

10

2 Satzglieder

Ziehe bei den vier Sätzen die Satzgliedklammern. Finde dann den jeweils passenden Satz zu den Satzgliedfeldern.

An einem heißen Sommertag gehe ich mit meinen Freunden schwimmen. ①
Ich gehe mit meinen Freunden an einem heißen Sommertag schwimmen. ②
Mit meinen Freunden gehe ich an einem heißen Sommertag schwimmen. ③
Schwimmen gehe ich mit meinen Freunden an einem heißen Sommertag. ④

2
4
1
3

Wörter, die beim Umstellen immer zusammenbleiben, bilden ein Satzglied.

3 Lernwörter

Überlege dir sinnvolle Sätze mit den Lernwörtern und schreibe sie in dein Heft!

Affe, Futter, Kamm, Wasser, füttern,
schnappen, rennen, wissen

Je mehr Lernwörter du in einem Satz unterbringst, desto weniger Sätze musst du schreiben!

1 Namenwörter (Nomen) mit Nachsilben

Finde zu den Eigenschaftswörtern (Adjektiven) die passenden Nachsilben und bilde Namenwörter (Nomen)!

freundlich, blind, schön, dankbar,
faul, heiter, dunkel, wirklich

-heit	Schönheit Blindheit Faulheit Dunkelheit
-keit	Wirklichkeit Dankbarkeit Freundlichkeit Heiterkeit

2 z oder tz ?

Setze richtig ein!

Her_z_, Ka_tz_e, Hi_z_e, Ker_z_e, Schmu_tz_,
Stur_tz_, Wur_z_el, Wi_tz_, Verle_z_ung,
Schwan_z_, Pflan_tz_e, Sal_z_, Sa_z_, Mü_tz_e

Suche dir zwei z-Wörter und zwei tz-Wörter aus und bilde damit Sätze in deinem Heft!

3 Rätsel

Bilde aus diesen Buchstaben mindestens sechs Namenwörter (Nomen)!

R N S M T A E I O

Elefant	Botz
Obst	Mitte
Mama	Note

4 Bindewörter (Konjunktionen)

Setze folgende Bindewörter richtig ein!

Julia hofft, dass das Wetter morgen schön ist.

Paul weint, weil/als/Wenn er sich verletzt hat.

Elena spielt in ihrem Zimmer, wenn es draußen regnet.

Emil freute sich, weil/als seine Oma ihn besuchte.

5 Satzglieder

Bestimme bei allen Sätzen die Satzglieder.

Suche dir nun einen Satz aus, tausche die Satzglieder so oft wie möglich und schreibe die Sätze in dein Heft!

Ina trifft am Nachmittag ihre Freundin im Schwimmbad.

Jeden Morgen geht Fredi mit seinem Hund Dako spazieren.

Für den Urlaub leiht sich Caro einige Bücher aus der Bücherei.

6 Lernwörter

Überlege dir sinnvolle Sätze mit den Lernwörtern und schreibe sie in dein Heft!

Wohnung, Verspätung, Schmutz, Katze, verletzen, platzen, witzig, nützlich

1 Zeitwörter wie Namenwörter gebrauchen

Setze die Zeitwörter (Verben) richtig ein! Achtung:
Hier werden sie wie Namenwörter (Nomen) gebraucht!

lesen  einkaufen  kochen 

Marie hilft gerne beim ____________ und beim ____________.

Sie braucht ein Buch zum ____________ und einen Topf zum ____________.

Marie ist müde vom ____________, vom ____________ und vom ____________.

Auch ihre Freundin mag das ____________, das ____________ und das ____________.

2 Wörter mit ck, lk, nk und rk

Trage die Wörter mit Artikel in die richtige Spalte ein!

Brücke

Nelke  Socken Vulkan  Schinken Tankstelle

Marke Ferkel Gurke

ck-Wörter	lk-Wörter	nk-Wörter	rk-Wörter
____________	____________	____________	____________
____________	____________	____________	____________
____________	____________	____________	____________

Suche dir aus jeder Spalte ein Wort aus und bilde damit einen Satz.

3 Rätsel

Schau genau! In den Kästchen haben sich Wortschlangen versteckt. Jeder Buchstabe kann der Anfangsbuchstabe sein und jede Richtung, außer schräg, ist möglich!

R	I	E	N	Z
E	F	T	I	E

____

A	G	E	S	O
T	N	E	N	N

____

M	M	I	W	H
B	A	D	S	C

____

S	M	R	U	T
P	R	U	N	G

Sprungturm

4 Wörtliche Rede

In der Geschichte wurden alle Satzzeichen vergessen. Trage sie mit deiner Lieblingsfarbe ein und unterwelle ______, was gesprochen wird.

Tim beim Kinderarzt

Tims Mama fragt Hast du noch immer starke Bauchschmerzen
Ja ganz starke antwortet Tim jammernd
Gleich sind wir beim Arzt beruhigt ihn seine Mama
Endlich angekommen begrüßt sie die Sprechstundenhilfe freundlich Hallo
Im Behandlungszimmer fragt der Arzt Tim Was fehlt dir denn
Ich habe ganz starke Bauchschmerzen erwidert Tim
Der Arzt denkt nach und will wissen Was hast du heute gegessen
Da beginnt Tim aufzuzählen Schokolade Zuckerl Chips und Eis
Der Arzt lacht und sagt Na dann wundert mich nichts mehr

Zur Erinnerung nochmals zusammengefasst:

______: „______."	oder	„______", ______.
______: „______!"		„______!", ______.
______: „______?"		„______?", ______.

5 Subjekt

Welches Subjekt passt zum Prädikat? Frage danach mit Wer? oder Was?.

______ hoppelt. ______ fährt.
______ beißt. ______ blüht.
______ passt. Der Ball rollt.

Unterstreiche das Subjekt immer **blau**!

6 Lernwörter

Schreibe sinnvolle Sätze mit den Lernwörtern in dein Heft.

Rucksack, Getränk, Wecker, Schokolade, schlecken, krank, eckig, stark

1 Aus Namenwörtern werden Eigenschaftswörter

Verwandle die Namenwörter (Nomen) in Eigenschaftswörter (Adjektive). Die Nachsilben -ig, -lich, -isch helfen dir dabei!

die Sonne → sonnig

das Glück → ______

der Himmel → ______

das Kind → ______

der Sommer → ______

der Schatten → ______

Suche dir vier Eigenschaftswörter (Adjektive) aus und bilde damit Sätze in deinem Heft!

2 Das „stumme h“

Male das „stumme h“ und den Selbstlaut davor an. Setze die Wörter dann richtig in die Tabelle ein!

Mehl Gefahr Ohr Sohn belohnen Zeh zahlen Lehrer Fohlen ermahnen Lehne Hahn

-ah-	-eh-	-oh-

3 Rätsel

Wer liest welches Buch?

4 Groß- und Kleinschreibung

Schreibe die Sätze richtig in dein Heft!

mimi hat heute geburtstag. deshalb findet am nachmittag eine party statt. dazu hat sie vier mädchen und fünf buben aus ihrer klasse eingeladen. bestimmt bekommt sie tolle geschenke.

5 Subjekt

Finde das passende Subjekt!

________________ parkt hinter dem Haus.

________________ hat ihre Haarspange verloren.

________________ spielt gerne mit seiner Modelleisenbahn.

________________ teilt die Zeugnisse aus.

________________ quakt im Seerosenteich.

________________ stehen im Wohnzimmerregal.

die Lehrerin

Max

das Auto

der Frosch

Susi

die Bücher

6 Lernwörter

Überlege dir sinnvolle Sätze mit den Lernwörtern und schreibe sie in dein Heft!

Gefahr, Mahlzeit, Jahr, Bahn, zählen, gefährlich, belohnen, fahren

1 Buchstabensalat

		A	V	T	X	E	M	O	Y	R	B	G	J		
		I	Z	W	S	A	N	D	A	L	E	N	R	S	U
Q	L	B	C	P	S	V	I	P	G	F	T	O	M	E	I
V	T	L	A	D	H	I	L	N	R	B	V	M	T	I	
M	A	U	N	T	U	O	R	O	L	L	E	R	M	S	A
V	L	M	I	R	T	A	I	N	D	M	G	J	F	S	T
	T	E	V	P	X	E	K	H	P	R	L	J	B	E	L
R	S	Y	M	O	T	O	R	B	O	O	T	H	F		
	X	B	C	S	V	I	L	F	Z	B	M	J	L		
			M	T	R		K	A	N		E	K	I		

Diese Wörter haben sich versteckt:

BLUME, MOTORBOOT, EIS, HUT, ROLLER, SANDALEN

2 Sudoku

Jedes Symbol darf in jeder Reihe, jeder Spalte und jedem Block nur einmal vorkommen!

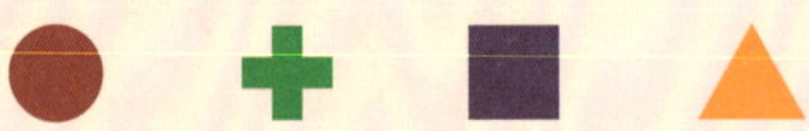

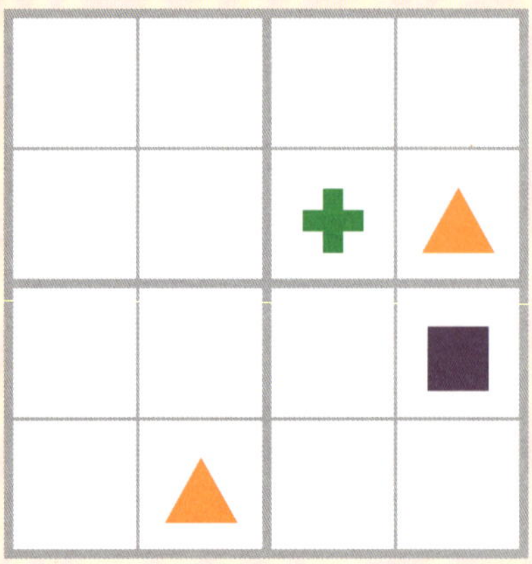

3 Male richtig an!

Das blaue Auto steht nicht in der Mitte.
Rechts steht das rote Auto.
Eines der drei Autos ist grün.

4 Geheimschrift

Welche Wörter stecken dahinter?

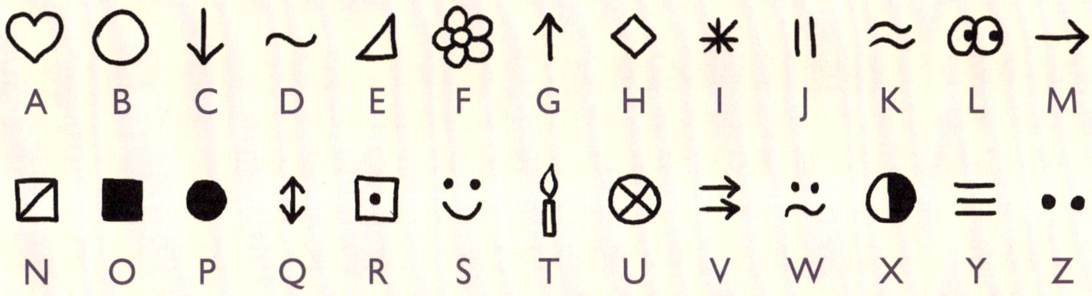

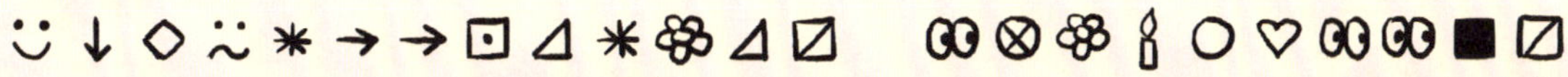

_____________________________ _____________________

5 Finde die fünf Fehler im rechten Bild!

6 Schau genau!

1 Namenwörter (Nomen) ordnen

Unterstreiche alle Namenwörter (Nomen) blau und schreibe sie dann mit Artikel in eine Tabelle. Ergänze bei jedem Wort die Einzahl oder Mehrzahl!

MEINE GEBURTSTAGSFEIER
ENDLICH HABE ICH GEBURTSTAG. AM SONNTAG LADE ICH ALL MEINE FREUNDE IN UNSEREN GARTEN EIN. MEINE MAMA HAT EINE GROSSE TORTE GEBACKEN UND MEIN PAPA GRILLT UNS WÜRSTCHEN UND KARTOFFELN. ICH BEKOMME VIELE TOLLE GESCHENKE.

Einzahl	Mehrzahl
die Geburtstagsfeier	die Geburtstagsfeiern

2 Wörter mit ie

Finde die Reimwörter und verbinde sie mit einem Strich. Zu jedem Bild gehört ein Wort. Schreibe die Reimwörter nebeneinander auf!

Wiese Genie Liege Tier
Ziel Ziegel Dieb Schiene

Spiel – Ziel

3 Rätsel

Was ist das?

4 Zeitformen

Lies die Sätze genau und überlege, in welcher Zeitform sie stehen. Schreibe in die Kästchen ein V für Vergangenheit, ein M für Mitvergangenheit, ein G für Gegenwart und ein Z für Zukunft.

- ☐ Gestern gingen wir schwimmen.
- ☐ Morgen werde ich ein Eis essen.
- ☐ Meine Mama kauft einen Salat.
- ☐ Julia ist in den Urlaub gefahren.
- ☐ Unser Hund wird einen Knochen bekommen.
- ☐ Meine Großeltern arbeiten im Garten.
- ☐ Zum Geburtstag hat mir mein Onkel ein Buch geschenkt.

5 Prädikat

Welches Zeitwort (Verb) passt als Prädikat? Setze es ein und unterstreiche es **rot**.

Der Bub sitzt auf der Schaukel.
Das Baby ____________ im Kinderwagen.
Das Mädchen ____________ eine Sandburg.
Die Freunde ____________ Fußball.
Die Mutter ____________ auf der Bank.
Die Katze ____________ hinterm Baum.
Der Vogel ____________ in der Luft.

Das Prädikat ist immer ein Verb! Im Aussagesatz ist das Prädikat immer das 2. Satzglied!

6 Lernwörter

Schreibe sinnvolle Sätze mit den Lernwörtern in dein Heft.

Zwiebel, Papier, Spiegel, Dienstag, fliegen, multiplizieren, dividieren, biegen

1 Zeitwörter (Verben) mit der Endung -ieren

Finde zu den Namenwörtern (Nomen) die passenden Zeitwörter (Verben)!

das Telefon → ____________________

das Training → ____________________

der Fotograf → ____________________

die Division → ____________________

der Dirigent → ____________________

die Probe → ____________________

die Frisur → ____________________

der Radierer → ____________________

Bilde mit vier Zeitwörtern (Verben) von oben Sätze.
Schreibe sie in dein Heft!

2 Lang gesprochene Selbstlaute (Vokale)

In jedem Wort wird ein Selbstlaut (Vokal) lang gesprochen.
Kennzeichne so: Hase.

die Schere, der König, die Natur,
das Telefon, der Name, die Vase,
reden, hören, geben, schwören

3 Rätsel

In dieser Wörterschlange haben sich die vier Jahreszeiten versteckt!

4 Ein Wort zu viel

Welches Wort passt nicht in den Satz? Streiche es durch!

Andi rennt mit Marille Alex um die Wette.

Am Montag fährt Herr Otto mit dem Bus Apfelbaum zur Arbeit.

Ines klopft schwimmt zum roten Schlauchboot.

Lea pflückt auf der Wiese Vogel Gänseblümchen.

Theo sucht verzweifelt rosarot seinen Schlüssel.

Im Urlaub liest radiert Mama gerne Krimis.

5 Prädikat

Bilde mit folgenden Wortgruppen Sätze in deinem Heft!
Unterstreiche das Prädikat **rot**! Schreibe so:

den Mistkübel ausleeren – Ich leere den Mistkübel aus.

den Luftballon aufblasen

das Radio aufdrehen

die Zeitung lesen

ein Eis kaufen

die Kerze anzünden

mit dem Ball spielen

6 Lernwörter

Überlege dir sinnvolle Sätze mit den Lernwörtern und schreibe sie in dein Heft!

Name, Schere, Telefon, reden, notieren, operieren, schwören, Natur

1 Mit Eigenschaftswörtern (Adjektiven) vergleichen

Grundstufe

Lisa ist groß.

Mehrstufe

Josefine ist größer.

Meiststufe/Höchststufe

Lukas ist am größten.

Zeichne eine Tabelle in dein Heft und bilde die Vergleichsformen von folgenden Eigenschaftswörtern (Adjektiven):

arm lustig schnell alt tüchtig brav hoch kalt mutig

Grundstufe	Mehrstufe	Meiststufe/Höchststufe
arm	ärmer	am ärmsten

2 ein Paar – ein paar

ein Paar: hier gehören immer zwei zusammen → ein Paar Schuhe

ein paar: hier gibt es immer mehrere von einer Sorte → ein paar Stifte

Trage „ein Paar“ oder „ein paar“ farblich richtig ein.

_____ Handschuhe, _____ Äpfel,

_____ Ohren, _____ Ski,

_____ Hefte, _____ Vögel,

_____ Teller, _____ Stiefel,

_____ Socken, _____ Kinder,

_____ Eislaufschuhe, _____ Zuckerl

3 Rätsel

Welche Silben ergeben ein Wort?

Tipp: Die Wörter können aus zwei oder sogar drei Silben bestehen!

WAS BLU CHEN FALL NEN ME SER MÄD SON HUT

_____ _____ _____ _____

4 Artikel

Der Artikel verrät dir, welches Geschlecht ein Namenwort (Nomen) hat.
Zeichne eine Tabelle in dein Heft und trage die Wörter richtig ein!

der = männliches Geschlecht	die = weibliches Geschlecht	das = sächliches Geschlecht

5 Objekt

Versuche die einzelnen Satzglieder zu sinnvollen Sätzen zusammenzufügen!

Der Bub · gibt · dem Kind · schenkt · dem Prinzen · Die Ärztin · seinem Freund · ein Buch. · Die Prinzessin · einen Kuss. · das Skelett. · erklärt

Subjekt	Prädikat	Objekt im 3. Fall	Objekt im 4. Fall
WER?		WEM?	WEN? oder WAS?

6 Lernwörter

Schreibe sinnvolle Sätze mit den Lernwörtern in dein Heft!

Arzt, Fleck, Sonne, Freude, saftig, durstig, trinken, fleißig

1 Verwandte Wörter

Zu jedem Namenwort (Nomen) passt ein verwandtes Zeitwort (Verb).
Male die Puzzleteile, die zusammengehören, mit derselben Farbe an!

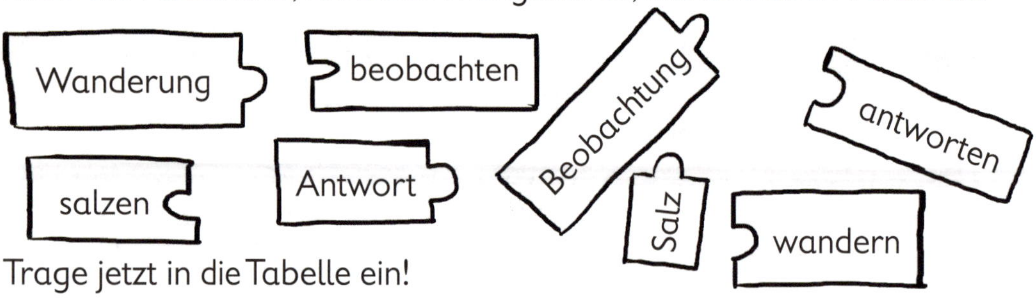

Trage jetzt in die Tabelle ein!

Namenwörter (Nomen)		Zeitwörter (Verben)
____________	→	____________
____________	→	____________
____________	→	____________
____________	→	____________

2 ss oder ß?

Setze richtig ein und ordne die Wörter dann nach dem Alphabet!

Ta___e, Wa___er, Ma___band,

Gefä___, Ku___, Ri___, So___e,

Spa___, Nü___e, Fu___ball

① ____________ ② ____________ ③ ____________ ④ ____________ ⑤ ____________

⑥ ____________ ⑦ ____________ ⑧ ____________ ⑨ ____________ ⑩ ____________

3 Rätsel

Die Anfangsbuchstaben ergeben ein Wort.

___ ___ ___ ___ ___ ___ ___ ___

LÖSUNGEN

4

VERITAS

Gemeinsam besser lernen

(Zum Heraustrennen dieses Lösungsheftes die mittlere Klammer lösen.)

Liebe Eltern,

Rechtschreib- und Grammatikkompetenz steigern, die Begeisterung für Sprache wecken und fördern – das alles gelingt mit den Übungen dieses Ferienheftes. Damit ist ihr Kind **bestens auf das neue Schuljahr vorbereitet** – ein klarer Vorteil für die weitere Schullaufbahn.

In 15 überschaubaren Tagesportionen werden verschiedene Themenbereiche der Rechtschreibung, Grammatik und Sprachbetrachtung behandelt und vertieft.

So funktioniert es:

- Ihr Kind kann die **15 Lerntage** über den Sommer verteilen oder die letzten **zwei bis drei Wochen vor Schulbeginn** nutzen.
- **Belohnen** darf sich ihr Kind nach jedem Lerntag selbst, indem es jeweils eine Frage von S. 38 beantwortet und den entsprechenden Bildausschnitt auf S. 39 bunt bemalt. Das ergibt schließlich ein schönes Gesamtbild.
- Übrigens: **Anerkennung** für geleistete Arbeit motiviert Ihr Kind. Bestätigen und ermutigen Sie es, auch wenn vielleicht nicht immer alles richtig ist.
- Mit diesem herausnehmbaren Lösungsheft ist eine **Selbstkontrolle** ganz einfach, denn jede Seite ist hier nochmals mit der Lösung abgebildet.

Achtung: Alle Lösungen sind hier in Blau eingetragen.
Manche Übungen sind individuell zu lösen **indiv.**.

Liebe Grüße,
Catherine Salomon und Jutta Schabhüttl

1 Namenwort – Zeitwort – Eigenschaftswort

In der Schlange haben sich einige Wörter versteckt. Trage sie richtig in die Tabelle ein und finde die fehlenden verwandten Wörter!

Namenwort (Nomen)	Zeitwort (Verb)	Eigenschaftswort (Adjektiv)
das Spiel	spielen	spielerisch
der Hunger	hungern	hungrig
das Rätsel	rätseln	rätselhaft
der Wunsch	wünschen	wunschlos

2 Doppelmitlaut

Schreibe die Wörter in die passenden Bilder.

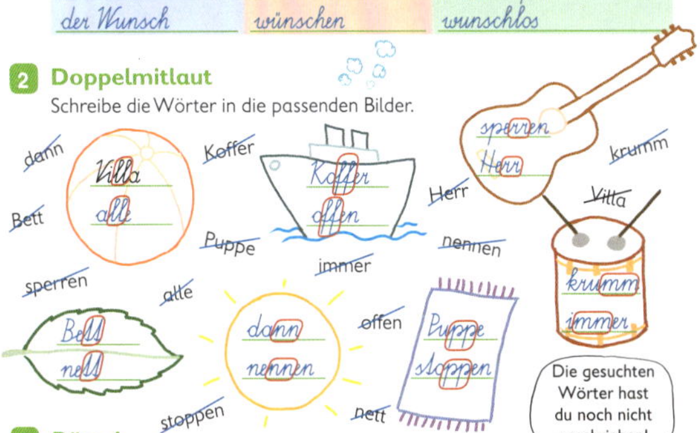

3 Rätsel

Welche Wörter der Bilder aus Übung 2 haben sich hier versteckt?

Schiff   Sonne   Gitarre   Trommel

Schreibe mit diesen Wörtern je einen Satz in dein Heft!

1 Ordnen nach dem ABC

Ordne die Wörter nach dem Alphabet.
Von manchen Wörtern siehst du nur das Bild!

die Banane	der Nagel
billig	der Name
der Bus	das Nashorn
die Kappe	der Sohn
das Kloster	der Sommer
die Leiter	die Sonne
die Lupe	

2 Satzglieder

Ziehe bei den vier Sätzen die Satzgliedklammern. Finde dann den jeweils passenden Satz zu den Satzgliedfeldern.

An einem heißen Sommertag gehe ich mit meinen Freunden schwimmen. ①
Ich gehe mit meinen Freunden an einem heißen Sommertag schwimmen. ②
Mit meinen Freunden gehe ich an einem heißen Sommertag schwimmen. ③
Schwimmen gehe ich mit meinen Freunden an einem heißen Sommertag. ④

2 ___
4 ___
3 ___
1 ___

indiv. 3 Lernwörter

Die Besucher wissen, dass man im Tiergarten Affen nicht füttern darf.
Die Krokodile schnappen nach dem Futter.
Der Kamm schwimmt im Wasser.
Ich kann ganz schnell rennen.

1 Namenwörter (Nomen) mit Nachsilben

Finde zu den Eigenschaftswörtern (Adjektiven) die passenden Nachsilben und bilde Namenwörter (Nomen)!

freundlich, blind, schön, dankbar,
faul, heiter, dunkel, wirklich

-heit	Blindheit, Schönheit, Faulheit, Dunkelheit
-keit	Freundlichkeit, Dankbarkeit, Heiterkeit, Wirklichkeit

2 z oder tz?

Setze richtig ein!

Her z, Ka tz e, Hi tz e, Ker z e, Schmu tz,
Stur z, Wur z el, Wi tz, Verle tz ung,
Schwan z, Pflan z e, Sal z, Sa tz, Mü tz e

indiv. Suche dir zwei z-Wörter und zwei tz-Wörter aus und bilde damit Sätze in deinem Heft!

indiv. 3 Rätsel

Bilde aus diesen Buchstaben mindestens sechs Namenwörter (Nomen)!

R N S M T A E I O

z. B.

Sonne	Rosen
Reise	Miete
Mann	Note

4 Bindewörter (Konjunktionen)

Setze folgende Bindewörter richtig ein!

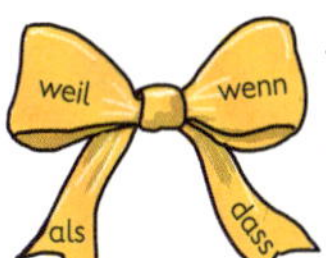

Julia hofft, dass das Wetter morgen schön ist.
Paul weint, weil / als / wenn er sich verletzt hat.
Elena spielt in ihrem Zimmer, wenn / weil es draußen regnet.
Emil freute sich, als / weil / dass seine Oma ihn besuchte.

5 Satzglieder

Bestimme bei allen Sätzen die Satzglieder.
Suche dir nun einen Satz aus, tausche die Satzglieder so oft wie möglich und schreibe die Sätze in dein Heft!

Ina trifft am Nachmittag ihre Freundin im Schwimmbad.

z. B. Trifft Ina am Nachmittag ihre Freundin im Schwimmbad?
Am Nachmittag trifft Ina ihre Freundin im Schwimmbad.
Ihre Freundin trifft Ina am Nachmittag im Schwimmbad.
Im Schwimmbad trifft Ina ihre Freundin am Nachmittag.

Jeden Morgen geht Fredi mit seinem Hund Dako spazieren.

Für den Urlaub leiht sich Caro einige Bücher aus der Bücherei.

indiv. 6 Lernwörter

Überlege dir sinnvolle Sätze mit den Lernwörtern und schreibe sie in dein Heft!

Wohnung, Verspätung, Schmutz, Katze,
verletzen, platzen, witzig, nützlich

1 Zeitwörter wie Namenwörter gebrauchen

Setze die Zeitwörter (Verben) richtig ein! Achtung:
Hier werden sie wie Namenwörter (Nomen) gebraucht!

lesen einkaufen kochen

Marie hilft gerne beim Einkaufen und beim Kochen.
Sie braucht ein Buch zum Lesen und einen Topf zum Kochen.
Marie ist müde vom Lesen, vom Einkaufen und vom Kochen.
Auch ihre Freundin mag das Lesen, das Einkaufen und das Kochen.

2 Wörter mit ck, lk, nk und rk

Trage die Wörter mit Artikel in die richtige Spalte ein!

ck-Wörter	lk-Wörter	nk-Wörter	rk-Wörter
die Jacke	die Nelke	die Bank	die Marke
der Socken	der Vulkan	der Schinken	das Ferkel
die Brücke	die Wolke	die Tankstelle	die Gurke

indiv. Suche dir aus jeder Spalte ein Wort aus und bilde damit einen Satz.

3 Rätsel

Schau genau! In den Kästchen haben sich Wortschlangen versteckt. Jeder Buchstabe kann der Anfangsbuchstabe sein und jede Richtung, außer schräg, ist möglich!

R I E N Z E F T I E	A G E S O T N E N N	M M I W H B A D S C	S M R U T P R U N G
Ferienzeit	Sonnentage	Schwimmbad	Sprungturm

4 Wörtliche Rede

In der Geschichte wurden alle Satzzeichen vergessen. Trage sie mit deiner Lieblingsfarbe ein und unterwelle ____, was gesprochen wird.

Tim beim Kinderarzt

Tims Mama fragt: „Hast du noch immer starke Bauchschmerzen?“
„Ja, ganz starke“, antwortet Tim jammernd.
„Gleich sind wir beim Arzt“, beruhigt ihn seine Mama.
Endlich angekommen, begrüßt sie die Sprechstundenhilfe freundlich: „Hallo!“
Im Behandlungszimmer fragt der Arzt Tim: „Was fehlt dir denn?“
„Ich habe ganz starke Bauchschmerzen“, erwidert Tim.
Der Arzt denkt nach und will wissen: „Was hast du heute gegessen?“
Da beginnt Tim aufzuzählen: „Schokolade, Zuckerl, Chips und Eis.“
Der Arzt lacht und sagt: „Na, dann wundert mich nichts mehr.“

Zur Erinnerung nochmals zusammengefasst:

______: „______.“
______: „______!“ oder „______!“, ______.
______: „______?“ „______?“, ______.

„______.“, ______.

5 Subjekt

Welches Subjekt passt zum Prädikat? Frage danach mit Wer? oder Was?.

Der Hase hoppelt. Das Auto fährt.
Das Krokodil beißt. Die Blume blüht.
Der Schlüssel passt. Der Ball rollt.

indiv. 6 Lernwörter

Schreibe sinnvolle Sätze mit den Lernwörtern in dein Heft.

Rucksack, Getränk, Wecker, Schokolade, schlecken, krank, eckig, stark

1 Aus Namenwörtern werden Eigenschaftswörter

Verwandle die Namenwörter (Nomen) in Eigenschaftswörter (Adjektive).
Die Nachsilben -ig, -lich, -isch helfen dir dabei!

die Sonne → sonnig
das Glück → glücklich
der Himmel → himmlisch
das Kind → kindlich/kindisch
der Sommer → sommerlich
der Schatten → schattig

Suche dir vier Eigenschaftswörter (Adjektive) aus und bilde damit Sätze in deinem Heft!

2 Das „stumme h“

Male das „stumme h“ und den Selbstlaut davor an. Setze die Wörter dann richtig in die Tabelle ein!

Mehl Gefahr Ohr Sohn belohnen Zeh zahlen Lehrer Fohlen ermahnen Lehne Hahn

-ah-	-eh-	-oh-
Gefahr	Mehl	Ohr
zahlen	Zeh	Sohn
ermahnen	Lehrer	belohnen
Hahn	Lehne	Fohlen

3 Rätsel

Wer liest welches Buch?

4 Groß- und Kleinschreibung

Schreibe die Sätze richtig in dein Heft!

Mimi hat heute Geburtstag. Deshalb findet am Nachmittag eine Party statt. Dazu hat sie vier Mädchen und fünf Buben aus ihrer Klasse eingeladen. Bestimmt bekommt sie tolle Geschenke.

5 Subjekt

Finde das passende Subjekt!

Das Auto parkt hinter dem Haus.
Susi hat ihre Haarspange verloren.
Max spielt gerne mit seiner Modelleisenbahn.
Die Lehrerin teilt die Zeugnisse aus.
Der Frosch quakt im Seerosenteich.
Die Bücher stehen im Wohnzimmerregal.

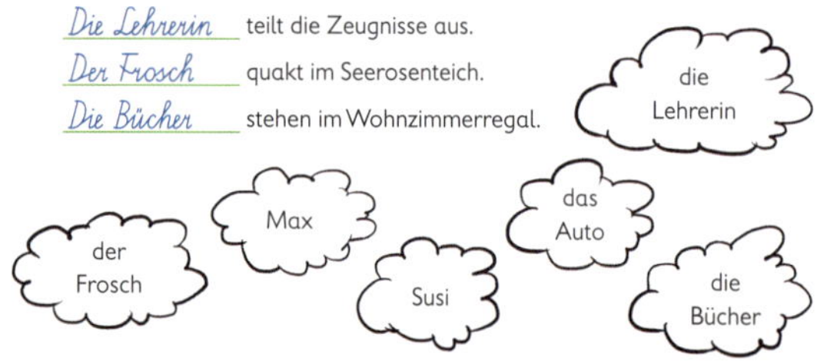

indiv. 6 Lernwörter

Überlege dir sinnvolle Sätze mit den Lernwörtern und schreibe sie in dein Heft!

Gefahr, Mahlzeit, Jahr, Bahn, zählen, gefährlich, belohnen, fahren

1 Buchstabensalat

Diese Wörter haben sich versteckt:

BLUME, MOTORBOOT, EIS, HUT, ROLLER, SANDALEN

2 Sudoku

Jedes Symbol darf in jeder Reihe, jeder Spalte und jedem Block nur einmal vorkommen!

3 Male richtig an!

Das blaue Auto steht nicht in der Mitte.
Rechts steht das rote Auto.
Eines der drei Autos ist grün.

4 Geheimschrift

Welche Wörter stecken dahinter?

5 Finde die fünf Fehler im rechten Bild!

6 Schau genau!

Wo haben wir unseren Urlaub verbracht?

In *Griechenland*!

1 Namenwörter (Nomen) ordnen

Unterstreiche alle Namenwörter (Nomen) blau und schreibe sie dann mit Artikel in eine Tabelle. Ergänze bei jedem Wort die Einzahl oder Mehrzahl!

Einzahl	Mehrzahl	Einzahl	Mehrzahl
die Geburtstagsfeier	*die Geburtstagsfeiern*	*die Torte*	*die Torten*
der Geburtstag	*die Geburtstage*	*der Papa*	*die Papas*
der Sonntag	*die Sonntage*	*das Würstchen*	*die Würstchen*
der Freund	*die Freunde*	*die Kartoffel*	*die Kartoffeln*
der Garten	*die Gärten*	*das Geschenk*	*die Geschenke*
die Mama	*die Mamas*		

2 Wörter mit ie

Finde die Reimwörter und verbinde sie mit einem Strich. Zu jedem Bild gehört ein Wort. Schreibe die Reimwörter nebeneinander auf!

Wiese Genie Liege Tier
Ziel Ziegel Dieb Schiene

Spiel – Ziel *Sieb – Dieb*
Biene – Schiene *Fliege – Liege*
Stier – Tier *Spiegel – Ziegel*
Riese – Wiese *Batterie – Genie*

3 Rätsel

Was ist das?

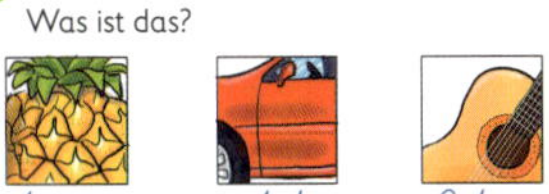

Ananas *Auto* *Gitarre*

Schau genau hin, denn du kennst all diese Dinge. Auf den Bildern siehst du jedoch immer nur einen kleinen Ausschnitt.

4 Zeitformen

Lies die Sätze genau und überlege, in welcher Zeitform sie stehen. Schreibe in die Kästchen ein V für Vergangenheit, ein M für Mitvergangenheit, ein G für Gegenwart und ein Z für Zukunft.

- M Gestern gingen wir schwimmen.
- Z Morgen werde ich ein Eis essen.
- G Meine Mama kauft einen Salat.
- V Julia ist in den Urlaub gefahren.
- Z Unser Hund wird einen Knochen bekommen.
- G Meine Großeltern arbeiten im Garten.
- V Zum Geburtstag hat mir mein Onkel ein Buch geschenkt.

5 Prädikat

Welches Zeitwort (Verb) passt als Prädikat? Setze es ein und unterstreiche es **rot**.

Der Bub *sitzt* auf der Schaukel.
Das Baby *schläft/liegt* im Kinderwagen.
Das Mädchen *baut* eine Sandburg.
Die Freunde *spielen* Fußball.
Die Mutter *liest/sitzt* auf der Bank.
Die Katze *steht* hinterm Baum.
Der Vogel *fliegt* in der Luft.

Das Prädikat ist immer ein Verb! Im Aussagesatz ist das Prädikat immer das 2. Satzglied!

indiv. 6 Lernwörter

Schreibe sinnvolle Sätze mit den Lernwörtern in dein Heft.

Zwiebel, Papier, Spiegel, Dienstag, fliegen, multiplizieren, dividieren, biegen

1 Zeitwörter (Verben) mit der Endung -ieren

Finde zu den Namenwörtern (Nomen) die passenden Zeitwörter (Verben)!

das Telefon →	telefonieren
das Training →	trainieren
der Fotograf →	fotografieren
die Division →	dividieren
der Dirigent →	dirigieren
die Probe →	probieren
die Frisur →	frisieren
der Radierer →	radieren

indiv. Bilde mit vier Zeitwörtern (Verben) von oben Sätze. Schreibe sie in dein Heft!

2 Lang gesprochene Selbstlaute (Vokale)

In jedem Wort wird ein Selbstlaut (Vokal) lang gesprochen. Kennzeichne so: Hase.

die Schere, der König, die Natur, das Telefon, der Name, die Vase, reden, hören, geben, schwören

3 Rätsel

In dieser Wörterschlange haben sich die vier Jahreszeiten versteckt!

4 Ein Wort zu viel

Welches Wort passt nicht in den Satz? Streiche es durch!

Andi rennt mit ~~Marille~~ Alex um die Wette.

Am Montag fährt Herr Otto mit dem Bus ~~Apfelbaum~~ zur Arbeit.

Ines ~~klopft~~ schwimmt zum roten Schlauchboot.

Lea pflückt auf der Wiese ~~Vogel~~ Gänseblümchen.

Theo sucht verzweifelt ~~rosarot~~ seinen Schlüssel.

Im Urlaub liest ~~radiert~~ Mama gerne Krimis.

5 Prädikat

Bilde mit folgenden Wortgruppen Sätze in deinem Heft! Unterstreiche das Prädikat **rot**! Schreibe so:

den Mistkübel ausleeren – Ich leere den Mistkübel aus.

den Luftballon aufblasen – Ich blase den Luftballon auf.

das Radio aufdrehen – Ich drehe das Radio auf.

die Zeitung lesen – Ich lese die Zeitung.

ein Eis kaufen – Ich kaufe ein Eis.

die Kerze anzünden – Ich zünde die Kerze an.

mit dem Ball spielen – Ich spiele mit dem Ball.

indiv. 6 Lernwörter

Überlege dir sinnvolle Sätze mit den Lernwörtern und schreibe sie in dein Heft!

Name, Schere, Telefon, reden, notieren, operieren, schwören, Natur

1 Mit Eigenschaftswörtern (Adjektiven) vergleichen

Grundstufe	Mehrstufe	Meiststufe/Höchststufe
arm	ärmer	am ärmsten
lustig	lustiger	am lustigsten
schnell	schneller	am schnellsten
alt	älter	am ältesten
tüchtig	tüchtiger	am tüchtigsten
brav	braver	am bravsten
hoch	höher	am höchsten
kalt	kälter	am kältesten
mutig	mutiger	am mutigsten

2 ein Paar – ein paar

ein Paar: hier gehören immer zwei zusammen → ein Paar Schuhe

ein paar: hier gibt es immer mehrere von einer Sorte → ein paar Stifte

Trage „ein Paar" oder „ein paar" farblich richtig ein.

ein Paar Handschuhe,	ein paar Äpfel,
ein Paar Ohren,	ein Paar Ski,
ein paar Hefte,	ein paar Vögel,
ein paar Teller,	ein Paar Stiefel,
ein Paar Socken,	ein paar Kinder,
ein Paar Eislaufschuhe,	ein paar Zuckerl

3 Rätsel

Welche Silben ergeben ein Wort?

WAS BLU CHEN FALL NEN ME SER MÄD SON HUT

Wasserfall Blume Mädchen Sonnenhut

4 Artikel

Der Artikel verrät dir, welches Geschlecht ein Namenwort (Nomen) hat. Zeichne eine Tabelle in dein Heft und trage die Wörter richtig ein!

der = männliches Geschlecht	die = weibliches Geschlecht	das = sächliches Geschlecht
der Baum	die Katze	das Haus
der Hase	die Tür	das Herz
der Tisch	die Sonne	das Schwein
der Traktor	die Straßenbahn	das Buch

5 Objekt

Versuche die einzelnen Satzglieder zu sinnvollen Sätzen zusammenzufügen!

Der Bub, gibt, dem Kind, dem Prinzen, Die Ärztin, schenkt, ein Buch., Die Prinzessin, seinem Freund, das Skelett., erklärt, einen Kuss.

Subjekt	Prädikat	Objekt im 3. Fall	Objekt im 4. Fall
Der Bub	schenkt	seinem Freund	ein Buch.
Die Ärztin	erklärt	dem Kind	das Skelett.
Die Prinzessin	gibt	dem Prinzen	einen Kuss.
WER?		WEM?	WEN? oder WAS?

indiv. 6 Lernwörter

Schreibe sinnvolle Sätze mit den Lernwörtern in dein Heft!

Arzt, Fleck, Sonne, Freude, saftig, durstig, trinken, fleißig

1 Verwandte Wörter

Zu jedem Namenwort (Nomen) passt ein verwandtes Zeitwort (Verb).
Male die Puzzleteile, die zusammengehören, mit derselben Farbe an!

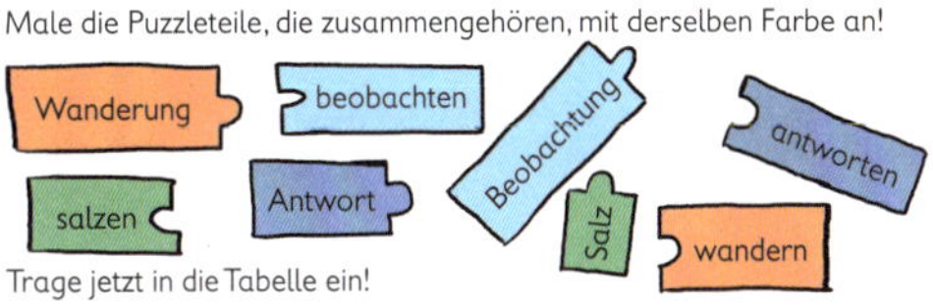

Trage jetzt in die Tabelle ein!

Namenwörter (Nomen)		Zeitwörter (Verben)
Wanderung	→	wandern
Antwort	→	antworten
Beobachtung	→	beobachten
Salz	→	salzen

2 ss oder ß?

Setze richtig ein und ordne die Wörter dann nach dem Alphabet!

Ta ss e, Wa ss er, Ma ß band,
Gefä ß, Ku ss, Ri ss, So ß e,
Spa ß, Nü ss e, Fu ß ball

① Fußball ② Gefäß ③ Kuss ④ Maßband ⑤ Nüsse
⑥ Riss ⑦ Soße ⑧ Spaß ⑨ Tasse ⑩ Wasser

3 Rätsel

Die Anfangsbuchstaben ergeben ein Wort.

S A N D B U R G

4 Satzzeichen

Schreibe den Text in Schreibschrift in dein Heft!
Denke an die Satzzeichen!

Um acht Uhr steht Anna auf.
Sie frühstückt gemeinsam mit ihren Eltern.
Danach geht sie mit ihrer Mama in den Park,
weil sie das schon lange geplant haben.
Pünktlich zum Mittagessen kommen beide wieder heim.
Papa hat köstliche Spaghetti gekocht.
„Deine Spaghetti sind die besten, Papa!", ruft Anna.

5 Ortsergänzung

Unterstreiche in jedem Satz die Ortsergänzung gelb und schreibe OE darüber! Trage daneben die passende Frage ein!

	Frage:
Meine Oma sitzt gerne im Schaukelstuhl. (OE)	Wo?
Alina und Ida gehen am Abend ins Kino. (OE)	Wohin?
Die Katze hat sich unter dem Tisch versteckt. (OE)	Wo?
Martinas Freundin kommt aus der Türkei. (OE)	Woher?
Toni und Peter springen in das Schwimmbecken. (OE)	Wohin?
Stella und Mona kennen sich schon aus dem Kindergarten. (OE)	Woher?

indiv. 6 Lernwörter

Überlege dir sinnvolle Sätze mit den Lernwörtern und schreibe sie in dein Heft!

Antwort, Straße, Spaß, Messer, schließen, müssen, grüßen, groß

1 Passende Eigenschaftswörter zu Namenwörtern

der hohe Turm — das bunte Bild
das ovale Ei — das schnelle Auto
die duftende Blume — der weiche Polster
der saftige Apfel — die langsame Schnecke

indiv. z. B. Siehst du den hohen Turm?
An der Wand hängt ein buntes Bild.
Jonas schenkt seiner Oma eine duftende Blume.
Ich beiße in einen saftigen Apfel.

2 Wörter mit st, ßt oder sst

Setze das fehlende Wort in der richtigen Form ein!

schießen: Jonas schießt mit dem Ball auf die Dosen.
passen: Die Hose passt Tina perfekt.
blasen: Philip bläst die Kerzen aus.
reisen: Oma reist gerne in andere Länder.
essen: Caroline isst am liebsten Pizza.
gießen: Mama gießt am Abend die Blumen.
sein: Vivian ist zehn Jahre alt.
begrüßen: Patrick begrüßt seinen Freund.
lassen: Der Bauer lässt die Kühe auf die Weide.

3 Rätsel

Welche zusammengesetzten Namenwörter (Nomen) ergeben sich hier?

Autotür — Bilderbuch — Schneckenhaus

4 Die vier Fälle der Namenwörter (Nomen)

Schreibe die verschiedenen Formen der Tierfamilie mit den Artikeln in die Tabelle!

	Stier	Kuh	Kalb	
1. Fall	der Stier	die Kuh	das Kalb	Wer oder Was?
2. Fall	des Stiers	der Kuh	des Kalbes	Wessen?
3. Fall	dem Stier	der Kuh	dem Kalb	Wem?
4. Fall	den Stier	die Kuh	das Kalb	Wen oder Was?

In welchen Fällen stehen die unterstrichenen Namenwörter (Nomen)?

	Fall	Frage
Der Bauer melkt die Kuh.	4.	Wen?
Die Arbeit des Bauern ist anstrengend.	2.	Wessen?
Ich gebe dem Stier frisches Gras.	3.	Wem?
Heute wird das Kalb geboren.	1.	Wer?

5 Zeitergänzung

Unterstreiche in den Sätzen die Zeitergänzung gelb und schreibe ZE darüber! Trage daneben die passende Frage ein.

	Frage:
Gestern las ich ein spannendes Buch. (ZE)	Wann?
Wir essen jeden Morgen Müsli mit Obst. (ZE)	Wie oft?
Seit zehn Minuten warte ich auf mein Essen. (ZE)	Seit wann?
Mein Bruder geht schon vier Jahre in die Schule. (ZE)	Wie lange?
Bis Freitag darf ich den Ball ausborgen. (ZE)	Bis wann?

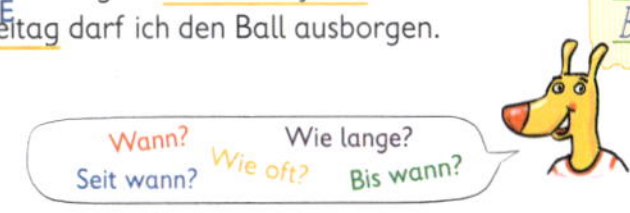

indiv. 6 Lernwörter

Schreibe sinnvolle Sätze mit den Lernwörtern in dein Heft!

Quelle, Fluss, Gewässer, Fenster, eiskalt, lauwarm, hilfsbereit, sauber

1 Schneckenwörter
Finde die Lösungswörter!

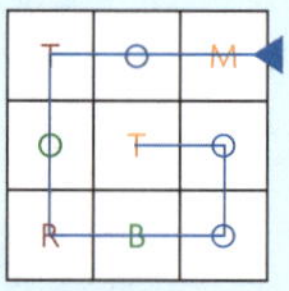

Motorboot

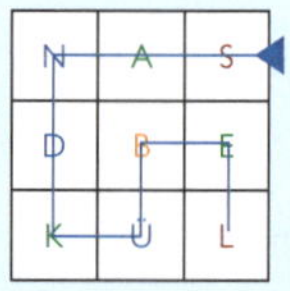

Sandkübel

2 Labyrinth
Zeige Flüsterix den Weg zu seinem Schlauchboot!

3 Schau genau!
Hier haben sich die 5 Selbstlaute (Vokale) versteckt. Male sie bunt an!

4 Geheimschrift

Was habe ich in meinen Koffer gepackt?
Badehose

Tipp: 2 = B

5 Suchbild
Kreise die fünf Unterschiede im rechten Bild ein!

6 Schneckensätze

Ich bin so hungrig! Deshalb fresse ich sogar Sätze.

1 Bestimmte und unbestimmte Artikel
Schreibe folgende Namenwörter (Nomen) mit ihren bestimmten und unbestimmten Artikeln auf!

Schreibe so in dein Heft:
die Schule – eine Schule

die Badetasche – eine Badetasche
das Flugzeug – ein Flugzeug
der Ausflug – ein Ausflug
das Skateboard – ein Skateboard
der Bleistift – ein Bleistift
der Spiegel – ein Spiegel
die Uhr – eine Uhr
das Kind – ein Kind

2 d oder t?
Setze richtig ein!

Wal *d*, Ax *t*, Sala *t*, Han *d*,
Gedul *d*, kal *t*, bun *t*, run *d*,
Strei *t*, Hun *d*, Elefan *t*, Hef *t*

3 Rätsel
Kannst du die Reihen richtig fortsetzen?

☺ △ ✱ □ ● ▽ ☺ △ ✱ □ ● ▽ ☺ △ ✱ □

4 Steigerungsformen
Vervollständige die Tabelle!

Grundstufe	Mehrstufe	Meiststufe
groß	*größer*	*am größten*
klein	*kleiner*	*am kleinsten*
schön	schöner	*am schönsten*
warm	*wärmer*	*am wärmsten*
klug	klüger	*am klügsten*
kurz	*kürzer*	am kürzesten
lieb	lieber	*am liebsten*
tief	*tiefer*	am tiefsten

5 Begründungsergänzung
Unterstreiche in jedem Satz die Begründungsergänzung gelb und schreibe BE darüber!

Lilly hat vor Freude (BE) geweint.
Julian hat sich aus Angst (BE) im Zimmer versteckt.
Oma und Opa fahren zur Erholung (BE) in die Berge.
Wegen eines Sturzes (BE) muss Armin zum Arzt.
Herr Hofer bringt sein Auto zur Überprüfung (BE) in die Werkstatt.
Florian muss wegen einer Blinddarmentzündung (BE) ins Krankenhaus.

Frage:
Warum hat sich Julian ... ?
Zu welchem Zweck fahren Oma ... ?
Aus welchem Grund muss Armin ... ?

Schreibe zu vier Sätzen die Frage nach der Begründung in dein Heft!
Z. B.: Warum hat Lilly geweint?

indiv. 6 Lernwörter
Überlege dir sinnvolle Sätze mit den Lernwörtern und schreibe sie in dein Heft!

Vase, Vanille, Vogel, Vulkan, verlieren, vorgehen, verpassen, vielleicht

1 Eigenschaftswörter wie Namenwörter gebrauchen

Verwandle die Eigenschaftswörter (Adjektive) aus dem Kästchen in Namenwörter (Nomen)!

alles Nette, viel Nettes, manches Nette, etwas Nettes, wenig Nettes, nichts Nettes
alles Gelbe, viel Gelbes, manches Gelbe, etwas Gelbes, wenig Gelbes, nichts Gelbes
alles Gute, viel Gutes, manches Gute, etwas Gutes, wenig Gutes, nichts Gutes
alles Neue, viel Neues, manches Neue, etwas Neues, wenig Neues, nichts Neues
alles Schöne, viel Schönes, manches Schöne, etwas Schönes, wenig Schönes, nichts Schönes

2 Wörter mit ai

Setze die fehlenden Wörter sinnvoll ein!

Mai

Hain

Waise

Kinder essen gerne gekochten *Mais*.
Der *Kaiser* regierte früher Österreich.
Der *Hai* ist ein großer Raubfisch im Meer.
Ein Kind ohne Eltern ist eine *Waise*.
Nach dem April kommt der *Mai*.
Die Gitarre hat sechs *Saiten*.
Einen sehr kleinen Wald nennt man auch *Hain*.

3 Rätsel

Trage zuerst in den Wörtern „ai" oder „ei" ein und male dann alle Felder an, in denen ein ai-Wort steht.

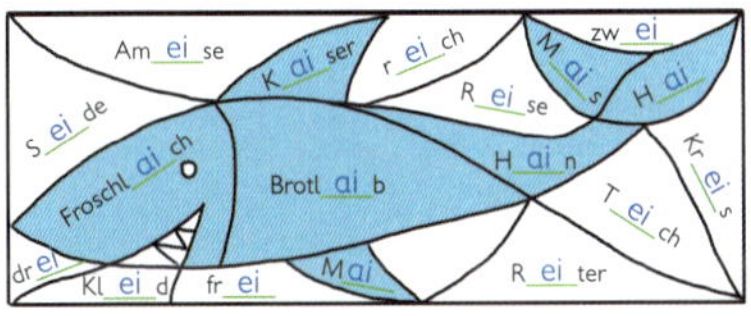

4 das oder dass?

Setze „das" oder „dass" nach dem Beistrich richtig ein. „Das" ist hier immer ein bezügliches Fürwort, „dass" ein Bindewort. Beispiel: Tom malt ein Bild, das er seiner Oma schenken will.

Ich habe erfahren, *dass* manche Tiere vom Aussterben bedroht sind.
Simon hat ein Fahrrad, *das* schon sehr alt ist.
Pia möchte, *dass* es bald schneit.
Wir hoffen, *dass* es dir in der neuen Schule gefällt.
Mama liest ein Buch, *das* sehr interessant ist.
Das Auto, *das* dort parkt, gehört mir.

5 Artergänzung

Unterstreiche in den Sätzen die Artergänzung gelb und schreibe AE darüber!

Die Kinder spielen ausgelassen (AE) im Garten.
Flüsterix isst mit großem Appetit (AE) seinen Kuchen.
Der Löwe faucht wild (AE) in seinem Käfig.
Glücklich (AE) laufen die Freunde umher.
Wir bauen voll Begeisterung (AE) eine Sandburg.

Frage:
Wie spielen die Kinder im ... ?
Womit isst Flüsterix seinen ... ?

Kannst du zu jedem Zeitwort (Verb) die passende Artergänzung finden?

mit guter Betonung | schnell | wunderschön | wie ein Frosch

gehen: *schnell* hüpfen: *wie ein Frosch*
zeichnen: *wunderschön* lesen: *mit guter Betonung*

indiv. 6 Lernwörter

Schreibe sinnvolle Sätze mit den Lernwörtern in dein Heft!

Hai, Kaiser, Mai, Brotlaib, komisch, vernünftig, gewöhnlich, manchmal

1 Die 4 Fälle des Namenwortes (Nomens) in der Einzahl (Singular)

Fülle die Tabelle aus!

1. Fall: Wer? Was?	*der Ball*	*die Puppe*	*das Haus*
2. Fall: Wessen?	*des Balles*	*der Puppe*	*des Hauses*
3. Fall: Wem?	*dem Ball*	*der Puppe*	*dem Haus*
4. Fall: Wen? Was?	*den Ball*	*die Puppe*	*das Haus*

2 Wörter mit x

Wörter, in denen ein x vorkommt, verwendet man nicht oft.
Schreibe die folgenden Wörter in Schreibschrift mit dem passenden bestimmten und unbestimmten Artikel in dein Heft!

das Taxi – ein Taxi *die Hexe – eine Hexe*
der Text – ein Text *das Lexikon – ein Lexikon*
der Mixer – ein Mixer *der Boxer – ein Boxer*
die Explosion – eine Explosion *das Saxofon – ein Saxofon*

3 Rätsel

Jedes Symbol darf in jeder Reihe, jeder Spalte und in jedem Block nur einmal vorkommen.

4 Die 4 Fälle des Namenwortes (Nomens) in der Mehrzahl (Plural)

Fülle die Tabelle aus!

1. Fall: Wer? Was?	*die Bälle*	*die Puppen*	*die Häuser*
2. Fall: Wessen?	*der Bälle*	*der Puppen*	*der Häuser*
3. Fall: Wem?	*den Bällen*	*den Puppen*	*den Häusern*
4. Fall: Wen? Was?	*die Bälle*	*die Puppen*	*die Häuser*

5 Satzglieder

Ziehe die Satzgliedklammern in den entsprechenden Farben und schreibe die Satzgliedart darüber!

S = Subjekt (Wer? Was?)
P = Prädikat
O3 = Objekt im 3. Fall (Wem?)
O4 = Objekt im 4. Fall (Wen? Was?)

OE = Ortsergänzung (Wo? Wohin? …)
ZE = Zeitergänzung (Wann? Wie oft? …)
BE = Begründungsergänzung (Warum? Wozu? …)
AE = Artergänzung (Wie? Womit?)

Anzahl der Satzglieder:

Luis (S) bringt (P) seinen Bruder (O4) zum Spielen (BE) in den Park (OE). *5*
Tina (S) schreibt (P) ihrer Freundin (O3) eine Ansichtskarte (O4) aus dem Urlaub (OE). *5*
Luci (S) trinkt (P) im Sommer (ZE) gerne (AE) kalte Zitronenlimonade (O4). *5*
Anthony (S) notiert (P) die Telefonnummer seines Freundes (O4) im Adressbuch (OE). *4*
Auf dem Rathausplatz (OE) ist (P) morgen (ZE) ein Sportfest (S). *4*

indiv. 6 Lernwörter

Schreibe sinnvolle Sätze mit den Lernwörtern in dein Heft!

Taxi, Textaufgabe, Lexikon, Hexe, Nixe, explodieren, mixen, boxen

1 Wortarten

Bestimme in den Sätzen die Wortarten! Verwende folgende Abkürzungen:
NW = Namenwort (Nomen), ZW = Zeitwort (Verb),
EW = Eigenschaftswort (Adjektiv), FW = Fürwort (Pronomen), A = Artikel

NW ZW FW A EW NW A NW
Wolfgang schenkt dir für das tolle Zeugnis ein Buch.

FW NW ZW FW A EW NW
Unsere Nachbarn fahren mit euch auf den hohen Berg.

A EW NW ZW FW A EW NW ZW
Das blaue Fahrrad hat mir ein guter Freund geliehen.

A EW NW ZW FW EW NW EW ZW
Der heiße Sommer macht meiner alten Oma schwer zu schaffen.

2 Wörter mit chs

Trage die Wörter richtig ein!

Sie erwartet bald *Nachwuchs*.
Der *Luchs* ist die größte europäische Raubkatze.
Sträucher, Bäume, Blumen und Gräser sind *Gewächse*.
Kerzen werden aus *Wachs* hergestellt.
Du bist ein schlauer *Fuchs*, wenn du alle Wörter richtig einsetzen kannst.
Zwillinge kann man leicht *verwechseln*.
Für den Amerika-Urlaub muss ich Geld *wechseln*.
Ins Casino dürfen nur *Erwachsene*.

Nachwuchs
Wachs
verwechseln
wechseln
Luchs
Erwachsene
Fuchs
Gewächse

3 Rätsel

Verbinde alle chs-Wörter nach dem Alphabet!

indiv. 4 Wichtige Vorsilben

Setze die Vorsilben vor-, fort-, end-, ent- und ver- sinnvoll ein.

vor turnen — *end* gültig — *ent* scheiden — *end* los
ent wickeln — *end* lich — *ver* leihen
vor sagen — *fort* laufend — *vor* schreiben
ver stehen — *fort* bilden — *ver* sorgen — *ent* täuschen
ver zweifeln

indiv. Bilde mit fünf Wörtern Sätze in deinem Heft!

Weitere Möglichkeiten:
verwickeln
entsagen
versagen
verlaufend
verschreiben
entstehen
vorsorgen
entsorgen
vortäuschen

5 Persönliches Fürwort (Personalpronomen)

Vervollständige die Tabelle der persönlichen Fürwörter in den vier Fällen!

	1. Person	2. Person	3. Person			
1. Fall	ich	du	er	sie	es	Wer?
2. Fall	meiner	deiner	seiner	ihrer	seiner	Wessen?
3. Fall	mir	dir	ihm	ihr	ihm	Wem?
4. Fall	mich	dich	ihn	sie	es	Wen?

Finde für die unterstrichenen Namenwörter das passende Fürwort:

Tim (*Er*) und Marie (*sie*) gehen auf den Spielplatz. Marie (*Sie*) versteckt sich vor Tim (*ihm*) hinter einer Schaukel (*ihr*). Natürlich findet Tim (*er*) das Versteck (*es*) sofort. Marie (*Sie*) ist traurig, weil es Marie (*ihr*) nicht gelungen ist, sich besser vor Tim (*ihm*) zu verstecken.

indiv. 6 Lernwörter

Schreibe sinnvolle Sätze mit den Lernwörtern in dein Heft!

Fuchs, Gewächs, Eidechse, Verwechslung, wachsen, sechs, verboten, hungrig

1 Satzarten

indiv. Überlege dir zu jeder Satzart ein oder zwei Sätze und schreibe sie in dein Heft!

Am Nachmittag gehe ich mit meinem Freund ins Schwimmbad.
Bring mir bitte schnell ein Pflaster!
Machst du heuer wieder Urlaub am Meer?

2 Wörter mit Qu

Schreibe die Wörter in der Mehrzahl auf!

EINZAHL	MEHRZAHL
das Quartett	*die Quartette*
die Quitte	*die Quitten*
die Quelle	*die Quellen*
das Quadrat	*die Quadrate*
die Qualle	*die Quallen*
der Quirl	*die Quirle*

3 Rätsel

Welches Stäbchen musst du umlegen, damit die Rechnung stimmt?

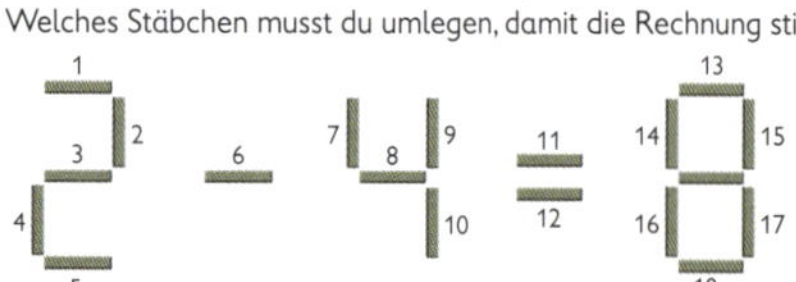

Nr. 15 muss auf Nr. 6 gelegt werden: → 2 + 4 = 6

4 Eine verrückte E-Mail

Schreibe den Text richtig in dein Heft!

Lieber Robert!
Die Tastatur meines Computers ist kaputt.
Ein Buchstabe funktioniert nicht mehr.
An seiner Stelle schreibe ich einfach ein m.
Ich hoffe, du kannst meine Nachricht trotzdem lesen.
Morgen gehen Nico und ich ins Freibad. Es wäre toll, wenn du auch Zeit hättest. Wir könnten dann alle drei gemeinsam hinfahren.
Gib mir bitte rechtzeitig Bescheid!
Liebe Grüße
Christian

5 Persönliche Fürwörter (Personalpronomen)

Ersetze im zweiten Satz die unterstrichenen Namenwörter (Nomen) durch persönliche Fürwörter (Personalpronomen)!

① Bea und Lisa sind Freundinnen.
② Bea und Lisa spielen im Hof. Fürwort: *Sie*

① Leo liest gerne.
② Leo hat viele Bücher. Fürwort: *Er*

① Mia hat ihren Schlüssel verloren.
② Mia findet ihren Schlüssel unter dem Bett. Fürwörter: *Sie* *ihn*

① Noah bastelt einen Papierflieger.
② Noah malt den Papierflieger auch an. Fürwörter: *Er* *ihn*

① Nina ist 11 Jahre alt.
② Nina geht in die 4. Klasse. Fürwort: *Sie*

Sie ihn Sie Er ihn Sie Er

Topf
Eber
Mandarine
Gans
Quartett
Hut
Auto
Auge
Ohr
Hexe
Prinzessin
Bett
Blume
Salz
Ferkel
Schule
Fuchs
Schere
Karotte
Uhu
Marmelade
Nacht
Schuh
Bub
Mehl
Frosch
Bananen
Dieb
Bäurin
Gondel
Hund
Affe
See
Antwort
Gras

... zum Geschichten-Schreiben

So können Sie Ihrem Kind beim Schreiben der Geschichten auf Seite 36 helfen:

1 Reizwortgeschichte

Achten Sie darauf, dass Ihr Kind die Geschichte in Einleitung, Hauptteil und Schluss gliedert.
Die Reizwortgeschichte wird in der Mitvergangenheit (z. B. ging, sah, kletterte) geschrieben.

2 Schlusssatzgeschichte

Achten Sie darauf, dass ihr Kind die Geschichte in Einleitung, Hauptteil und Schluss gliedert.
Auch die Schlusssatzgeschichte wird in der Mitvergangenheit geschrieben.

3 Erlebnisaufsatz

Hier muss besonders darauf geachtet werden, dass der Hauptteil spannend und mitreißend erzählt wird.
Ein Erlebnisaufsatz wird ebenfalls in der Mitvergangenheit geschrieben.

4 Personenbeschreibung

Folgende Reihenfolge soll beachtet werden:
Größe, Körperbau – Figur, Gesicht, Kopf und Haare, Augen, Nase, Mund, ev. Hände und Arme, Füße und Beine, Kleidung, Charaktereigenschaften und besondere Kennzeichen

4 Satzzeichen

Schreibe den Text in Schreibschrift in dein Heft!
Denke an die Satzzeichen!

UM ACHT UHR STEHT ANNA AUF
SIE FRÜHSTÜCKT GEMEINSAM MIT IHREN ELTERN
DANACH GEHT SIE MIT IHRER MAMA IN DEN PARK
WEIL SIE DAS SCHON LANGE GEPLANT HABEN
PÜNKTLICH ZUM MITTAGESSEN
KOMMEN BEIDE WIEDER HEIM
PAPA HAT KÖSTLICHE
SPAGHETTI GEKOCHT
DEINE SPAGHETTI SIND DIE
BESTEN PAPA RUFT ANNA

5 Ortsergänzung

Unterstreiche in jedem Satz die Ortsergänzung gelb und schreibe OE darüber! Trage daneben die passende Frage ein!

	Frage:
Meine Oma sitzt gerne im Schaukelstuhl. (OE über „im Schaukelstuhl“)	Wo?
Alina und Ida gehen am Abend ins Kino.	
Die Katze hat sich unter dem Tisch versteckt.	
Martinas Freundin kommt aus der Türkei.	
Toni und Peter springen in das Schwimmbecken.	
Stella und Mona kennen sich schon aus dem Kindergarten.	

6 Lernwörter

Überlege dir sinnvolle Sätze mit den Lernwörtern und schreibe sie in dein Heft!

Antwort, Straße, Spaß, Messer, schließen, müssen, grüßen, groß

1 Passende Eigenschaftswörter zu Namenwörtern

Suche zu den Namenwörtern (Nomen) die passenden Eigenschaftswörter (Adjektive), verbinde sie mit einer Linie und schreibe sie dann auf!

oval schnell bunt

weich duftend langsam

hoch saftig

der hohe Turm ______________________ ______________________

______________________ ______________________

______________________ ______________________

______________________ ______________________

Bilde mit allen acht Wortgruppen Sätze in deinem Heft!

2 Wörter mit st, ßt oder sst

Setze das fehlende Wort in der richtigen Form ein!

schießen: Jonas ______________ mit dem Ball auf die Dosen.
passen: Die Hose ______________ Tina perfekt.
blasen: Philip ______________ die Kerzen aus.
reisen: Oma ______________ gerne in andere Länder.
essen: Caroline ______________ am liebsten Pizza.
gießen: Mama ______________ am Abend die Blumen.
sein: Vivian ______________ zehn Jahre alt.
begrüßen: Patrick ______________ seinen Freund.
lassen: Der Bauer ______________ die Kühe auf die Weide.

3 Rätsel

Welche zusammengesetzten Namenwörter (Nomen) ergeben sich hier?

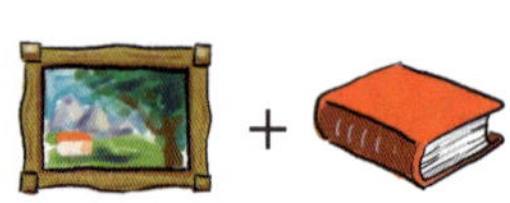

______________________ ______________________ ______________________

4 Die vier Fälle der Namenwörter (Nomen)

Schreibe die verschiedenen Formen der Tierfamilie mit den Artikeln in die Tabelle!

	Stier	Kuh	Kalb	
1. Fall				Wer oder Was?
2. Fall			*des Kalbes*	Wessen?
3. Fall	*dem Stier*			Wem?
4. Fall		*die Kuh*		Wen oder Was?

In welchen Fällen stehen die unterstrichenen Namenwörter (Nomen)?

Der Bauer melkt <u>die Kuh</u>.
Die Arbeit <u>des Bauern</u> ist anstrengend.
Ich gebe <u>dem Stier</u> frisches Gras.
Heute wird <u>das Kalb</u> geboren.

Fall	Frage

5 Zeitergänzung

Unterstreiche in den Sätzen die Zeitergänzung gelb und schreibe ZE darüber! Trage daneben die passende Frage ein.

ZE
<u>Gestern</u> las ich ein spannendes Buch.
Wir essen jeden Morgen Müsli mit Obst.
Seit zehn Minuten warte ich auf mein Essen.
Mein Bruder geht schon vier Jahre in die Schule.
Bis Freitag darf ich den Ball ausborgen.

Frage:
Wann?
____
____
____
____

6 Lernwörter

Schreibe sinnvolle Sätze mit den Lernwörtern in dein Heft!

Quelle, Fluss, Gewässer, Fenster, eiskalt, lauwarm, hilfsbereit, sauber

1 Schneckenwörter

Finde die Lösungswörter!

T	O	M
O	T	O
R	B	O

N	A	S
D	B	E
K	Ü	L

2 Labyrinth

Zeige Flüsterix den Weg zu seinem Schlauchboot!

3 Schau genau!

Hier haben sich die 5 Selbstlaute (Vokale) versteckt. Male sie bunt an!

4 Geheimschrift

Tipp: 2 = B

5 Suchbild

Kreise die fünf Unterschiede im rechten Bild ein!

6 Schneckensätze

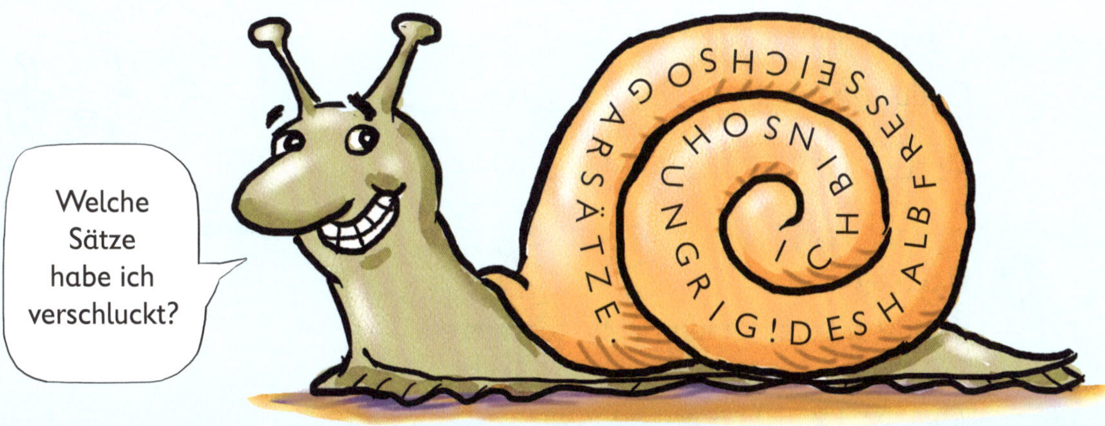

1 Bestimmte und unbestimmte Artikel

Schreibe folgende Namenwörter (Nomen) mit ihren bestimmten und unbestimmten Artikeln auf!

Schule Badetasche Ausflug

Flugzeug Kind

Skateboard Bleistift Spiegel Uhr

Schreibe so in dein Heft:
die Schule – eine Schule

2 d oder t ?

Setze richtig ein!

Wal____, Ax____, Sala____, Han____,

Gedul____, kal____, bun____, run____,

Strei____, Hun____, Elefan____, Hef____

3 Rätsel

Kannst du die Reihen richtig fortsetzen?

☺ △ ✻ □ ● ▽ ☺ ___ ___ ___ ___ ___ ___ ___ ___ ___

4 Steigerungsformen

Vervollständige die Tabelle!

Grundstufe	Mehrstufe	Meiststufe
		am größten
klein		
	schöner	
warm		
	klüger	
		am kürzesten
	lieber	
		am tiefsten

5 Begründungsergänzung

Unterstreiche in jedem Satz die Begründungsergänzung gelb und schreibe BE darüber!

BE
Lilly hat vor Freude geweint.

Julian hat sich aus Angst im Zimmer versteckt.

Oma und Opa fahren zur Erholung in die Berge.

Wegen eines Sturzes muss Armin zum Arzt.

Herr Hofer bringt sein Auto zur Überprüfung in die Werkstatt.

Florian muss wegen einer Blinddarmentzündung ins Krankenhaus.

Schreibe zu vier Sätzen die Frage nach der Begründung in dein Heft!
Z. B.: Warum hat Lilly geweint?

6 Lernwörter

Überlege dir sinnvolle Sätze mit den Lernwörtern und schreibe sie in dein Heft!

Vase, Vanille, Vogel, Vulkan, verlieren, vorgehen, verpassen, vielleicht

1 Eigenschaftswörter wie Namenwörter gebrauchen

Verwandle die Eigenschaftswörter (Adjektive) aus dem Kästchen in Namenwörter (Nomen)!

lustig	nett	gelb
gut	neu	schön

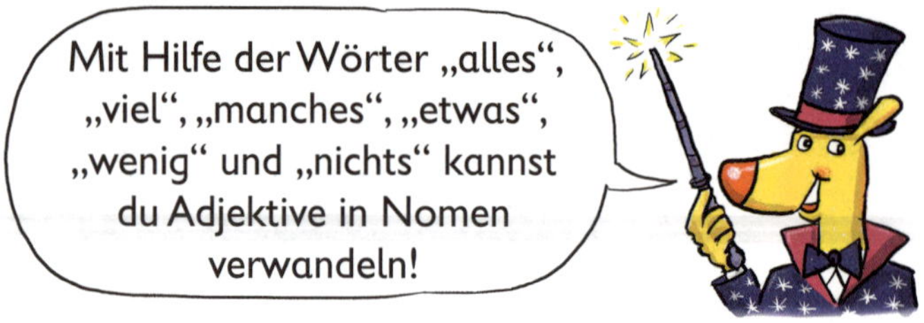

Schreibe so in dein Heft:

alles Lustige, viel Lustiges, manches Lustige, etwas Lustiges, wenig Lustiges, nichts Lustiges

2 Wörter mit ai

Setze die fehlenden Wörter sinnvoll ein!

Mai

Hain

Waise

Kinder essen gerne gekochten ______________.

Der ______________ regierte früher Österreich.

Der ______________ ist ein großer Raubfisch im Meer.

Ein Kind ohne Eltern ist eine ______________.

Nach dem April kommt der ______________.

Die Gitarre hat sechs ______________.

Einen sehr kleinen Wald nennt man auch ______________.

3 Rätsel

Trage zuerst in den Wörtern „ai“ oder „ei“ ein und male dann alle Felder an, in denen ein ai-Wort steht.

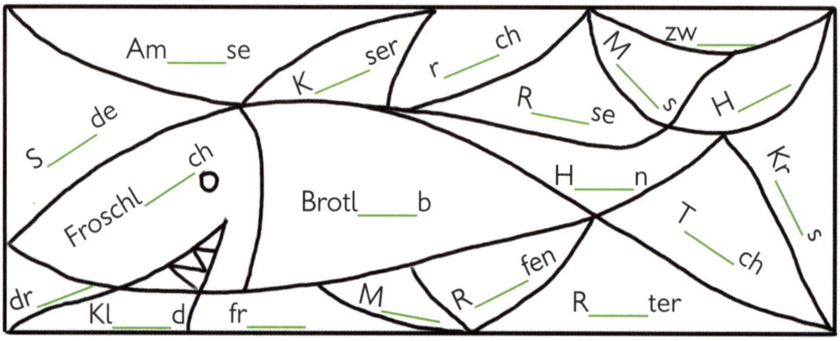

4 das oder dass?

Setze „das“ oder „dass“ nach dem Beistrich richtig ein. „Das“ ist hier immer ein bezügliches Fürwort, „dass“ ein Bindewort. Beispiel: Tom malt ein Bild, das er seiner Oma schenken will.

Ich habe erfahren, ________ manche Tiere vom Aussterben bedroht sind.

Simon hat ein Fahrrad, ________ schon sehr alt ist.

Pia möchte, ________ es bald schneit.

Wir hoffen, ________ es dir in der neuen Schule gefällt.

Mama liest ein Buch, ________ sehr interessant ist.

Das Auto, ________ dort parkt, gehört mir.

5 Artergänzung

Unterstreiche in den Sätzen die Artergänzung gelb und schreibe AE darüber!

Die Kinder spielen ausgelassen (AE) im Garten.
Flüsterix isst mit großem Appetit seinen Kuchen.
Der Löwe faucht wild in seinem Käfig.
Glücklich laufen die Freunde umher.
Wir bauen voll Begeisterung eine Sandburg.

Kannst du zu jedem Zeitwort (Verb) die passende Artergänzung finden?

mit guter Betonung   schnell   wunderschön   wie ein Frosch

gehen: ________________   hüpfen: ________________

zeichnen: ________________   lesen: ________________

6 Lernwörter

Schreibe sinnvolle Sätze mit den Lernwörtern in dein Heft!

Hai, Kaiser, Mai, Brotlaib, komisch, vernünftig, gewöhnlich, manchmal

1 Die 4 Fälle des Namenwortes (Nomens) in der Einzahl (Singular)

Fülle die Tabelle aus!

1. Fall: Wer? Was?	der Ball	die Puppe	das Haus
2. Fall: Wessen?			
3. Fall: Wem?			
4. Fall: Wen? Was?			

2 Wörter mit x

Wörter, in denen ein x vorkommt, verwendet man nicht oft.

Schreibe die folgenden Wörter in Schreibschrift mit dem passenden bestimmten und unbestimmten Artikel in dein Heft!

TAXI TEXT MIXER EXPLOSION

HEXE LEXIKON BOXER SAXOFON

3 Rätsel

Jedes Symbol darf in jeder Reihe, jeder Spalte und in jedem Block nur einmal vorkommen.

4 Die 4 Fälle des Namenwortes (Nomens) in der Mehrzahl (Plural)

Fülle die Tabelle aus!

1. Fall: Wer? Was?	die Bälle	die Puppen	die Häuser
2. Fall: Wessen?			
3. Fall: Wem?			
4. Fall: Wen? Was?			

5 Satzglieder

Ziehe die Satzgliedklammern in den entsprechenden Farben und schreibe die Satzgliedart darüber!

S = Subjekt (Wer? Was?)

P = Prädikat

O3 = Objekt im 3. Fall (Wem?)

O4 = Objekt im 4. Fall (Wen? Was?)

OE = Ortsergänzung (Wo? Wohin? ...)

ZE = Zeitergänzung (Wann? Wie oft? ...)

BE = Begründungsergänzung (Warum? Wozu? ...)

AE = Artergänzung (Wie? Womit?)

Anzahl der Satzglieder:

S P O4 BE OE
Luis bringt seinen Bruder zum Spielen in den Park. 5

Tina schreibt ihrer Freundin eine Ansichtskarte aus dem Urlaub. ____

Luci trinkt im Sommer gerne kalte Zitronenlimonade. ____

Anthony notiert die Telefonnummer seines Freundes im Adressbuch. ____

Auf dem Rathausplatz ist morgen ein Sportfest. ____

6 Lernwörter

Schreibe sinnvolle Sätze mit den Lernwörtern in dein Heft!

Taxi, Textaufgabe, Lexikon, Hexe, Nixe, explodieren, mixen, boxen

1 Wortarten

Bestimme in den Sätzen die Wortarten! Verwende folgende Abkürzungen:
NW = Namenwort (Nomen), ZW = Zeitwort (Verb),
EW = Eigenschaftswort (Adjektiv), FW = Fürwort (Pronomen), A = Artikel

☐ ☐ ☐ ☐ ☐ ☐ ☐ ☐
Wolfgang schenkt dir für das tolle Zeugnis ein Buch.

☐ ☐ ☐ ☐ ☐ ☐ ☐
Unsere Nachbarn fahren mit euch auf den hohen Berg.

☐ ☐ ☐ ☐ ☐ ☐ ☐ ☐ ☐
Das blaue Fahrrad hat mir ein guter Freund geliehen.

☐ ☐ ☐ ☐ ☐ ☐ ☐ ☐ ☐
Der heiße Sommer macht meiner alten Oma schwer zu schaffen.

2 Wörter mit chs

Trage die Wörter richtig ein!

Sie erwartet bald ______________.

Der ______________ ist die größte europäische Raubkatze.

Sträucher, Bäume, Blumen und Gräser sind ______________.

Kerzen werden aus ______________ hergestellt.

Du bist ein schlauer ______________, wenn du alle Wörter richtig einsetzen kannst.

Zwillinge kann man leicht ______________.

Für den Amerika-Urlaub muss ich Geld ______________.

Ins Casino dürfen nur ______________.

Nachwuchs
Wachs
verwechseln
wechseln
Luchs
Erwachsene
Fuchs
Gewächse

3 Rätsel

Verbinde alle chs-Wörter nach dem Alphabet!

4 Wichtige Vorsilben

Setze die Vorsilben vor-, fort-, end-, ent- und ver- sinnvoll ein.

___turnen ___gültig ___scheiden ___los

___wickeln ___lich ___leihen

___sagen ___laufend

___schreiben

___stehen ___bilden ___sorgen

___täuschen

Bilde mit fünf Wörtern Sätze in deinem Heft!

___zweifeln

5 Persönliches Fürwort (Personalpronomen)

Vervollständige die Tabelle der persönlichen Fürwörter in den vier Fällen!

	1. Person	2. Person	3. Person			
1. Fall	*ich*			*sie*		Wer?
2. Fall			*seiner*			Wessen?
3. Fall		*dir*			*ihm*	Wem?
4. Fall				*sie*		Wen?

Finde für die unterstrichenen Namenwörter das passende Fürwort:

Tim und Marie gehen auf den Spielplatz. Marie versteckt sich vor Tim hinter einer Schaukel. Natürlich findet Tim das Versteck sofort. Marie ist traurig, weil es Marie nicht gelungen ist, sich besser vor Tim zu verstecken.

6 Lernwörter

Schreibe sinnvolle Sätze mit den Lernwörtern in dein Heft!

Fuchs, Gewächs, Eidechse, Verwechslung, wachsen, sechs, verboten, hungrig

1 Satzarten

Am Ende eines Aussagesatzes steht ein Punkt. .

Am Ende eines Aufforderungssatzes steht ein Rufzeichen. !

Am Ende eines Fragesatzes steht ein Fragezeichen. ?

Überlege dir zu jeder Satzart ein oder zwei Sätze und schreibe sie in dein Heft!

2 Wörter mit Qu

Schreibe die Wörter in der Mehrzahl auf!

EINZAHL	MEHRZAHL
das Quartett	______
die Quitte	______
die Quelle	______
das Quadrat	______
die Qualle	______
der Quirl	______

3 Rätsel

Welches Stäbchen musst du umlegen, damit die Rechnung stimmt?

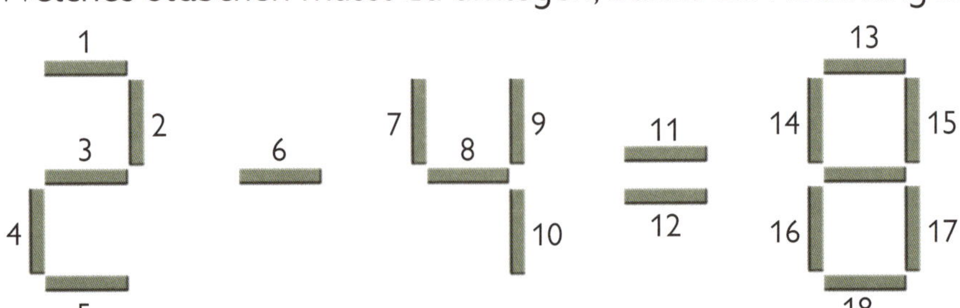

4 Eine verrückte E-Mail

Schreibe den Text richtig in dein Heft!

Liebem Mobemt!
Die Tastatum meines Computems ist kaputt.
Ein Buchstabe funktioniemt nicht mehm.
An seinem Stelle schmeibe ich einfach ein m.
Ich hoffe, du kannst meine Nachmicht tmotzdem lesen.
Momgen gehen Nico und ich ins Fmeibad. Es wäme toll, wenn du auch Zeit hättest. Wim könnten dann alle dmei gemeinsam hinfahmen.
Gib mim bitte mechtzeitig Bescheid!
Liebe Gmüße
Chmistian

5 Persönliche Fürwörter (Personalpronomen)

Ersetze im zweiten Satz die unterstrichenen Namenwörter (Nomen) durch persönliche Fürwörter (Personalpronomen)!

① Bea und Lisa sind Freundinnen.
② Bea und Lisa spielen im Hof. Fürwort: ______

① Leo liest gerne.
② Leo hat viele Bücher. Fürwort: ______

① Mia hat ihren Schlüssel verloren.
② Mia findet ihren Schlüssel unter dem Bett. Fürwörter: ______ ______

① Noah bastelt einen Papierflieger.
② Noah malt den Papierflieger auch an. Fürwörter: ______ ______

① Nina ist 11 Jahre alt.
② Nina geht in die 4. Klasse. Fürwort: ______

Sie ihn Sie Er ihn Sie Er

... zum Geschichten-Schreiben

1 Reizwortgeschichte

Hier findest du Wörter für vier Geschichten:

a) Fußball – Nachbar – Fensterscheibe
b) Ausflug – Fahrrad – Gewitter
c) Wanderung – Burg – Gespenster
d) Katze – Baum – Feuerwehr

2 Schlusssatzgeschichte

Suche dir einen Schlusssatz aus und schreibe eine passende Geschichte dazu!

a) Das werd ich nie vergessen!
b) Da hab ich nochmal Glück gehabt!
c) Zum Glück war alles nur ein Traum!
d) Das passiert mir sicher nie wieder!

3 Erlebnisaufsatz

Suche dir eine Überschrift aus uns schreibe eine spannende Geschichte!

a) Ein toller Tag!
b) Das war aufregend!
c) So ein Pech!
d) Ein großer Schreck!

4 Personenbeschreibung

Suche dir eine Person aus, die du gut kennst, und beschreibe sie!
z. B.: Mama, Papa, Schwester, Bruder,
Oma, Opa, Freundin, Freund, ...

Für weitere Informationen steht Ihnen gerne Ihre VERITAS-Kundenberatung zur Verfügung.
Rufen Sie einfach an, schicken Sie ein Fax oder ein E-Mail!
Tel. 0043/(0)732/776451/2280, Fax: 0043/(0)732/776451/2239
E-Mail: kundenberatung@veritas.at
Besuchen Sie uns auf unserer Website www.veritas.at

6. Auflage (2021) – entspricht der Rechtschreibreform 2006.
Auf umweltfreundlichem Papier gedruckt bei: siehe https://produkt.veritas.at/35176#additional
Lektorat: Beatrix Brückler, Klaus Kopinitsch
Bildredaktion: Alexandra Rittberger
Herstellung, Layout und Umschlaggestaltung: Irene Demelmair, Julia Bamberger
Illustrationen: Ulf Kossak
Umschlagfoto: ms. foto.group/Linz
Satz, Montage, Offsetproduktion: Tanczos KG, St. Florian

ISBN 978-3-7101-0377-3

Rätselfragen

Für jeden erledigten Tag findest du hier eine Rätselfrage.
Tipp: Das Lösungswort hast du an diesem Tag schon geschrieben.
Suche das Lösungswort dann auf der Seite rechts und male es in der Farbe der Seifenblase an!

Tag 2
Das Lieblingsobs
von Affen sind
____

Tag 4
Wie heißt das kleine Schwein?
____

Tag 5
Was verwendet man zum Backen?
____

Tag 11
Welches Gebäude ist im Sommer geschlossen? Die __________.

Tag 8
Wie heißt die Tochter des Königs?
____

Tag 12
Was wird aus einer Kaulquappe? Ein __________.

Tag 10
Wie nennt man den Schwanz des Hasen?
____

Tag 15
Vier Musiker bilden ein __________.

Tag 1
Worin schläfst du?
Im __________.

Tag 6
Wer stiehlt den Schmuck? Ein __________.

Tag 13
Wer kann auf einem Besen fliegen? Eine __________.

Tag 14
Von welchem Tier wird behauptet, es wäre schlau? Vom __________.

Tag 7
Womit kannst du ein Blatt Papier teilen? Mit einer __________.

Tag 3
Womit würzt der Koch das Essen? Mit __________.

Tag 9
Was erhältst du auf eine Frage? Eine __________.